Ex Freundin zurück

- Der einfache Schritt für Schritt Plan

Tim Enewoldsen

Inhaltsverzeichnis

Einleitung

Viele Männer, die zu mir kommen, haben gerade ihre Freundin oder Frau verloren und wissen nicht weiter. Oft wünschen sie sich die Frau zurück, wissen aber nicht, was sie tun können. Die Frau möchte nichts mehr von dir hören und du bist verzweifelt.

Das Buch wird dir ein genauen Schritt-für-Schritt-Plan liefern, der dir dabei helfen wird, deine Partnerin zurückzubekommen, nachdem sie oder du Schluss gemacht hat/hast.

Ich kenne das – ich kenne das nur zu gut. In meinen Jahren als Flirt- und Beziehungstrainer habe ich oft erlebt, wie Männer ihre Freundinnen verlieren und dann am Boden zerstört sind. Ich selbst habe vor fünf Monaten wieder eine Trennung erlebt und bin jetzt mit meiner Ex-Partnerin an einem Punkt, an dem ich anfangen könnte, sie zurückzugewinnen. Daran habe ich zum jetzigen Zeitpunkt aber kein Interesse mehr. Geschafft habe ich das, indem ich den Schritt-für-Schritt Plan-benutzt habe, den auch du in diesem Buch von mir erfahren wirst.

Der Plan ist einfach und jeder Mann kann ihn durchführen, unabhängig von Geld, Aussehen oder Alter.

Eins vorweg: Ich kann dir nicht garantieren, dass du deine Ex-Freundin oder -Frau zurückbekommst. Wenn dir jemand erzählen will, dass du deine Ex mit seiner oder ihrer Methode todsicher zurückgewinnen wirst, dann lügt diese Person dich an.

Was ich dir mitgeben werde, ist ein-Schritt-für-Schritt Plan, mit dem du die besten Chancen hast, deine Ex-Freundin zurückzubekommen.

Warum du mir vertrauen solltest? Ich arbeite seit mehr als 5 Jahren mit Männern zusammen und kümmere mich online sowie offline darum, dass sie glückliche Beziehungen führen, Frauen kennenlernen und diese Frauen dann auch behalten.

Ich habe mit Männern in ganz Deutschland und in Europa zusammengearbeitet und ihnen gezeigt, wie sie mithilfe ihrer Männlichkeit die Frauen in ihr Leben ziehen können, die sie sich immer gewünscht haben. Außerdem habe ich einige Bücher auf Amazon geschrieben, unter anderem den #1 Amazon Bestseller „Die Zeus Methode". Ich bin langjähriger Experte auf dem Gebiet und kann dir kompetent weiterhelfen.

Was ich in der Zeit meiner Zusammenarbeit mit Männern immer wieder gesehen habe, ist, dass es Muster gibt. Frauen reagieren nicht einfach zufällig auf Dinge, die du tust. Manchmal kommt es uns Männern so vor, dass Frauen nicht wissen, was sie eigentlich wollen oder nicht sagen, was sie meinen. Ich war auch verwirrt.

Wenn man anfängt Frauen zu verstehen, dann sind viele Dinge auf einmal glasklar und eindeutig. Hier möchte ich dir nun erklären, was die häufigsten Gründe sind, warum Frauen mit ihren Männern Schluss machen, und dir zeigen, wie du Schritt für Schritt an den Punkt kommst, dass es dir entweder besser geht und du eine neue tolle Frau triffst oder du deine Ex-Partnerin zurückbekommst.

Ich habe in dieses Buch nur die wichtigsten Informationen aufgenommen, die du brauchst. Ich weiß, wie groß der emotionale Schmerz in deiner Situation ist und will dir so schnell wie möglich eine Lösung geben, mit der du dich besser fühlen wirst und arbeiten kannst.

Wichtig ist, dass du dir das Buch mehrmals durchliest, um genau zu verstehen, wie der Schritt-fürSchritt-Plan aussieht, um keine Fehler zu machen.

Ohne weitere Zeit zu verlieren – lass uns loslegen und dafür sorgen, dass du deine Ex bald wieder in die Arme schließen kannst!

Erstes Kapitel – Verständnis: Warum die Frau mit dir Schluss gemacht hat

Der wichtigste Schritt ist, dass du verstehst, warum du in deiner jetzigen Situation steckst – warum die Frau mit dir Schluss gemacht hat. Ich kenne dich nicht persönlich, deswegen weiß ich nicht, was sie dir für Gründe genannt hat.

Unabhängig davon, was sie dir gesagt hat, haben alle Gründe immer einen gemeinsamen Ursprung. Frauen machen mit Männern aus 2 großen Gründen Schluss. In diesem Kapitel werde ich dir die Gründe nennen und in einem späteren Kapitel schauen wir uns an, mit welchem Schritt-für-Schritt-Plan du bei den einzelnen Gründen vorgehen solltest, um sie zurückzugewinnen.

An dieser Stelle möchte ich einen möglichen Trennungsgrund ausschließen, den ich in diesem Buch nicht intensiv behandeln will. Wenn du und deine Partnerin Schluss gemacht habt, weil einer von euch in eine andere Stadt/anderes Land gezogen ist, dann brauchst du wahrscheinlich keinen Schritt-für-Schritt-Plan von mir.

Solange ihr nicht in der gleichen Stadt wohnt und keine Fernbeziehung wollt, funktioniert die Beziehung einfach nicht. Das hat aber nicht unbedingt etwas mit den Gründen zu tun, die ich in diesem Buch behandeln will.

Willst du eine Ex zurück, die in eine andere Stadt gezogen ist, oder wenn du umgezogen bist, dann zieh ihr hinterher oder zieh zurück. Das verhält sich wie mit einem Job in einer anderen Stadt. Das Unternehmen möchte dich gerne als Mitarbeiter und du möchtest dort gern arbeiten. Dann musst du dich entscheiden: Zieh um oder lass es. Gleiches gilt für ein Trennungs-Umzugs-Szenario.

Kommen wir jetzt zu den 2 Hauptgründen, aus denen eine Frau mit dir Schluss macht ...

Sie hat die Anziehung dir gegenüber verloren: Meiner Erfahrung nach ist das der häufigste Grund, aus dem eine Frau die Beziehung beendet. Es ist auch der Grund, der bei meinen Beziehungen immer wieder dazu geführt hat, dass sie zu Ende gingen. Du erkennst schwindende Anziehung oft daran, dass der Sex seltener und schlechter wird, sie dich nicht mehr so oft küsst und allgemein nicht mehr so liebevoll ist.

Wenn ihr früher oft Sex hattet und plötzlich wird sie „einfach nicht mehr feucht", dann kann das natürlich auch anatomische Ursachen haben. Oft deuten sexuelle Probleme in der Partnerschaft aber darauf hin, dass Anziehung verloren geht.

Anziehung geht dann verloren, wenn du dich nicht mehr attraktiv verhältst. Eine großartige Taktik, um herauszufinden, wie attraktiv du dich gerade verhältst, ist, dich mit dir selbst am Anfang der Beziehung/in der Kennlernphase zu vergleichen.

In der Kennlernphase hat die Frau Anziehung für dich entwickelt, und das hat am Ende dazu geführt hat, dass ihr zusammengekommen seid. Blicke einmal zurück und vergleiche. Verhältst du dich heute noch so, wie du dich damals verhalten hast?

Oft hören wir Männer auf, die Frauen auf Dates einzuladen und tolle Treffen zu planen, oder werden zu abhängig von der Frau. Dadurch wirken wir bedürftig und dann sinkt die Anziehung. Der häufigste Grund für schwindende Anziehung ist, dass du zu abhängig geworden bist und du es dir in der Beziehung bequem gemacht hast.

Du denkst, dass du die Frau „sicher" hast und du dich nicht mehr darum kümmern musst, der attraktive Mann zu sein, der du warst, als sie dich kennengelernt hat. Früher hast du vielleicht regelmäßig spannende Dinge mit deinen Freunden unternommen, warst sehr sportlich und hast an deiner beruflichen Zukunft gearbeitet.

Heute sitzt du zu Hause, machst es dir auf der Couch gemütlich und isst ungesund. Beruflich machst du nur das Nötigste und Freunde triffst du auch nicht mehr so häufig. Wenn du dich mit Freunden triffst, dann esst ihr gemeinsam oder schaut Fußball, statt die spannenden Dinge zu machen, die ihr früher zusammen gemacht habt. Was mit der Freundin oder Frau zu machen ist ja gemütlicher.

Ich kenne das: Wenn du eine Frau an deiner Seite hast, die dich liebt und mit der du tollen Sex hast, dann ist es einfacher, sich gehen zu lassen und entspannt zu leben. Du darfst aber niemals aufhören die Dinge zu tun, die dich zu einem attraktiven Mann gemacht haben, wenn du willst, dass die Frau an deiner Seite weiterhin von dir angezogen wird.

Der Prozess der schwindenden Anziehung ist schleichend und deswegen so tückisch. Schau zurück und vergleiche. Wie viele von den Dingen, die deine Frau damals anziehend an dir fand, tust du noch? Bist du noch der Mann, in den sie sich verliebt hat oder hast du dich entspannt und nur gefaulenzt? Wenn du dich zum Positiven entwickelt hast und vorangekommen bist, dann ist es unwahrscheinlich, dass die Frau Anziehung verloren hat.

Der Verlust der Anziehung beginnt, wenn sie immer wieder neben einem Mann aufwacht, der sich seit dem Anfang der Beziehung immer weniger Mühe gegeben hat, attraktiv und stark zu sein.

Bewerte deine Trennung und überlege, ob sie vielleicht aus schwindender Anziehung resultiert ist. Wie war der Sex am Ende? Gab es noch welchen? Hat sie dir noch regelmäßig gesagt, dass sie dich liebt? Hat sie sich dir oft körperlich genähert? Wenn du auf all diese Fragen mit Nein antworten kannst, dann ist vermutlich die Anziehung verloren gegangen.

Oft geht auch die Anziehung verloren, wenn ein Mann anfängt abhängig von einer Frau zu sein. Bewerte das selbst: Hast du momentan das Gefühl, dass die Frau die einzige Frau ist, die du jemals so lieben wirst? Glaubst du, dass du nie wieder eine wie sie findest? Weißt du nicht, wie du ohne sie weitermachen sollst?

All das sind Anzeichen dafür, dass du abhängig geworden bist. Wenn du abhängig von der Frau bist, dann sorgt das schnell dafür, dass die Frau Anziehung dir gegenüber verliert. Sie will schließlich deine Partnerin sein, nicht deine Mutter. Sie möchte einen Mann, an den sie sich anlehnen kann, nicht einen, der ängstlich und bedürftig ist. Das trifft auf jede Frau zu – keine will einen schwachen Mann an ihrer Seite.

Wenn du nach diesen Worten feststellst, dass deine Ex-Partnerin wahrscheinlich die Anziehung dir gegenüber verloren hat, dann mach dich nicht fertig. Das passiert fast allen Männern da draußen und wenige wissen, was sie tun sollen. In einem späteren Kapitel bekommst du von mir den Schritt-für-Schritt-Plan, mit dem du die größte Wahrscheinlichkeit hast, die Frau wiederzubekommen.

Sie vertraut dir nicht mehr oder fühlt sich nicht mehr sicher und wohl mit dir

Schwindende Anziehung ist ein Grund für Trennung. Der andere Hauptgrund ist, dass sie dir nicht mehr vertraut, verletzt ist oder sich nicht mehr wohl mit dir fühlt.

Eine Beziehung funktioniert nur, wenn man sich aufeinander verlassen kann. Das sollte keine

Überraschung für dich sein. Betrügst du deine Freundin und sie findet das heraus, dann ist die Vertrauensbasis zerstört.

Für Frauen ist so etwas oft der Anfang vom Ende. Frauen genießen eine Beziehung, weil sie dort die Möglichkeit haben sich zu öffnen und sich fallen zu lassen. All diese Dinge können sie nicht mehr tun, wenn sie dir nicht vertrauen. Und sie vertrauen dir nicht mehr, wenn du sie verletzt oder betrogen hast oder nie dein Wort hältst oder sie belügst.

Frauen versuchen nach einem Vertrauensbruch meist noch für kurze Zeit die Beziehung am Laufen zu halten, aber geben dann oft auf. Wenn du deine Freundin oder Frau betrogen oder angelogen hast, dann stehst du vor einer Herausforderung, wenn du sie zurück willst.

Vertrauen aufzubauen bedeutet Arbeit, und Vertrauen neu aufzubauen ist noch schwieriger.

Wenn die Frau am Ende eurer Beziehung oft Dinge gesagt hat wie „ich kann dir einfach nicht mehr vertrauen" oder sie nicht mehr so offen dir gegenüber war wie vorher, dann kannst du davon ausgehen, dass sie verletzt ist und sich nicht mehr sicher mit dir fühlt. Fühlt eine Frau sich nicht sicher, dann öffnet sie sich nicht. Öffnet sie sich nicht, spürt sie keine Liebe, und dann ist für eine Frau oft die Beziehung vorbei.

Es kann auch sein, dass deine Frau weniger mit dir schläft und der Grund dafür ist nicht unbedingt schwindende Anziehung. Eine Frau wird auch dann weniger mit dir schlafen, wenn sie dir nicht mehr vertraut.

Fehlendes Vertrauen sollte leichter identifizierbar sein. Du weißt ja selbst, wenn du deine Frau betrogen hast. Später werde ich dir den Schritt-für-Schritt-Plan geben, mit dem du die besten Chancen hast, deine Frau zurückzuerobern.

Ich möchte an dieser Stelle aber anmerken, dass es leichter ist, eine Frau wiederzubekommen, deren Anziehung verloren gegangen ist, als eine Frau wiederzubekommen, deren Vertrauen komplett zerstört wurde. Je nachdem, wie oft und regelmäßig du die Frau betrogen und angelogen hast, stehen deine Chancen schlechter oder besser.

Es gibt aber auch einen Zeitpunkt, an dem die Dinge so zerbrochen sind, dass du es dir sparen kannst, die Sache wieder hinbekommen zu wollen. Ab einen gewissen Punkt ist Vertrauen nicht wiederherstellbar.

Du weißt jetzt, welche Gründe am Häufigsten dafür sorgen, dass Frauen mit dir Schluss machen – die Beziehung beenden. Wichtig ist, dass du nachdenkst und verstehst, was falsch gelaufen ist und warum deine Partnerin Schluss gemacht hat.

Du kannst sie natürlich fragen, aber gerade, wenn schwindende Anziehung der Grund ist, wird sie dir das nicht so direkt sagen. Sie wird es dir anders sagen, weil sie nicht genau weiß, wie sie die schwindende Anziehung in Worte fassen kann.

Schau immer auf die Handlungen der Frau und nicht so sehr auf ihre Worte. War sie weniger liebevoll? War der Sex seltener und schlechter? Hat sie dich nicht mehr so oft geküsst und berührt? Vielleicht sagt sie dir, dass sie aus Grund X oder Y Schluss gemacht hat. Fakt ist: Ihre Anziehung dir gegenüber ist so sehr geschwunden, dass sie keine Lust mehr auf die Beziehung hat.

Vergleiche dein Verhalten während der Beziehung und vor allem am Ende der Beziehung mit deinem Verhalten am Anfang des Kennenlernens / am Anfang der Beziehung. Welche Dinge, die du damals gemacht hast und die deine Freundin attraktiv fand, hast du auch am Ende noch gemacht?

Setz dich hin und schreib dir auf, wie der Mann, den sie kennengelernt hat, sich von dem Mann unterscheidet, der von ihr verlassen wurde. Es ist wichtig, dass du dir einen Moment Zeit nimmst und diese Aufgabe gewissenhaft ausführst. Je besser du diese Aufgabe machst, desto besser wird der Plan funktionieren, mit dem du deine Ex zurückbekommen kannst.

Später erkläre ich dir noch genau, wie diese Aufgabe dir dabei hilft, deine Partnerin zurückzugewinnen.

Zweites Kapitel – So gehst du mit der Trennung um und bekommst sie zurück

Wir haben uns im ersten Kapitel angeschaut, was die Hautgründe sind, aus denen die meisten Frauen Schluss machen. Wenn du dieses Buch liest, dann ist es sehr wahrscheinlich, dass du dich in der Beziehung verändert hast und das nicht zum Positiven.

In diesem Kapitel möchte ich dir die richtige Einstellung mitgeben, wenn es um den Prozess der Trennung geht.

90 Tage keinen Kontakt

Ja, du hast richtig gelesen. Der erste Schritt, wenn du deine Ex zurück willst, verlangt von dir, nicht im Kontakt mit ihr zu sein. Für die ersten 90 Tage nach der Trennung hast du Kontaktverbot. Ich werde dir in einem folgenden Kapitel erklären, was du tust, wenn sie sich bei dir meldet.

Für dich gilt aber, dass du 90 Tage lang nicht mit deiner Ex redest, schreibst, sie anrufst etc. Die Ausnahme ist, wenn sie auf dich zukommt und dir ein Treffen vorschlägt. Das würde bedeuten, dass sie doch noch Interesse hat und dann kannst du sie auch treffen. Ich gehe später noch genauer darauf ein, wann die „90 Tage keinen Kontakt"-Regel anzuwenden ist. Wenn du mit deiner Ex Schluss gemacht hast, gilt die Regel zum Beispiel nicht. Dazu später aber mehr.

Die 90 Tage sind nicht dafür da, um Däumchen zu drehen und täglich zu Gott beten, dass du deinen Schatz doch bitte wieder zurückbekommst. Diese Zeit musst du nutzen, um den Schmerz der Trennung zu verarbeiten und dich wieder auf den Weg zu einem starken und attraktiven Mann zu machen. Dem starken und attraktiven Mann, den deine Ex früher so unwiderstehlich fand.

Vergiss „Romantik" und „die eine große Liebe"

Nach einer Trennung ist man oft in der „Romantik" oder in der „Die eine große Liebe"-Phase gefangen. Du bist voller Emotionen und denkst, dass du durch mehr Handlung und mehr Beteuerung deiner Liebe die Frau zurückgewinnen kannst.

Manche Männer denken auch, dass allein die Tatsache, dass sie unsterblich verliebt in die Frau sind, genug ist, damit sie sie zurückverdienen.

Leider vermisst die Frau etwas Wichtiges an dir, das du verloren hast. Deine männliche Stärke. Wenn du lernen willst, wie du deine Männlichkeit aufs nächste Level bringst, dann solltest du zusätzlich mein Buch „Die Zeus Methode" lesen.

Nur, wenn sie dich als starken Mann erlebt, kann sie sich wieder in dich verlieben. Die Frau will diejenige sein, die sich Gedanken um die große Liebe macht und sich vorstellt, wie ihr romantisch durch Kornfelder hüpft – das ist nicht deine Aufgabe.

Deine Aufgabe ist es, der Frau Halt zu geben. Ihr Fels in der Brandung zu sein. Wenn du das schaffst, dann fühlt sich sich wieder wohl bei dir. Sie wird sich nicht wohl bei dir fühlen, solange du um die „eine große Liebe" trauerst. In diesem Moment verhältst du dich nämlich wie die Frau. Nicht, weil du trauerst. Aber weil du komplett in deinem Emotionen verloren gehst und sämtliche Ruhe und Stärke verloren hast.

Eine Frau hat aber kein Interesse daran, mit einer Frau zusammen zu sein. Selbst, wenn Frauen lesbisch sind, gibt es immer eine Frau, die eher den männlichen Part übernimmt und eine, die weiblicher ist. Bei homosexuellen Männern ist das genauso.

Zwei Frauen ergeben eine Freundschaft. Ein Mann und eine Frau ergeben Leidenschaft, Liebe und eine romantische Beziehung.

Deswegen brauchst du auch die 3 Monate Kontaktpause.

Bleibst du in Kontakt mit deiner Ex, dann schaffst du es nicht, wieder zu dem Mann zu werden, der stark und standhaft ist. Der dauernde Kontakt mit deiner Ex wird dafür sorgen, dass du emotional verwirrt bleibst und immer wieder in die Trauer zurückgeworfen wirst.

Mir ist bewusst, dass der schwierigste Part des Ganzen die 3 Monate Kontaktverbot sind. Die meisten Männer scheitern genau an diesem Punkt. Sie schaffen es nicht, die 3 Monate einzuhalten und verbauen sich damit alle Chancen.

Du musst verstehen, dass die Frau deswegen mit dir Schluss gemacht hat, weil sich ihre Wahrnehmung von dir verändert hat. Am Anfang hat sie dich als attraktiven, vertrauenswürdigen und wertvollen Mann wahrgenommen. Mit der Zeit hat sich diese Wahrne -hmung durch dein Fehlverhalten verändert.

Jetzt nimmt sie dich entweder als schwachen Mann wahr oder als eine Person, der sie nicht vertrauen kann.

Der Umgang mit Trauer

Ein wichtiger Punkt ist der richtige Umgang mit Trauer. Ich weiß, „Männer zeigen keine Gefühle, weinen nicht und sind nicht traurig". Vergiss diesen ganzen Mist. Wenn du wirklich eine Chance haben willst, deine Ex zurückzubekommen, dann musst du lernen mit deinen Emotionen gesund umzugehen. Warum?

Wenn du es nicht tust und dich zum Beispiel die ganze Zeit mit Zocken, Alkohol oder anderen Ablenkungen beschäftigst, dauert es länger, bist du an den Punkt kommst, an dem du deine Ex zurückgewinnen kannst. Du kannst deine Ex zurückbekommen, wenn du deine Ex nicht mehr zurück brauchst.

Lass mich das nochmal sagen, weil es so wichtig ist: Du kannst deine Ex nur zurückhaben, wenn du sie nicht mehr zurück brauchst.

Vor eurer Beziehung hast du sie auch nicht zum Überleben gebraucht und an diesen Punkt musst du wieder kommen. Nur dann hast du eine echte Chance, sie zurückzugewinnen.

Diesen Punkt werde ich dir gleich noch genauer erklären, erst mal geht es aber um den Umgang mit Emotionen.

Wie du mit deinen Emotionen umgehen solltest: Wenn du Trauer, Wut, Verzweiflung oder eine andere starke Emotion spürst, die mit der Trennung zusammenhängt, dann lauf nicht davor weg. Setz oder leg dich ruhig hin, mach die Augen zu und konzentriere dich auf deinen Atem. Indem du dich auf den Atem konzentrierst, setzt du dich mit deinen Emotionen auseinander, statt sie zu ignorieren.

Atme einfach und spüre die Emotionen in deinem Körper. Beobachte sie. Wenn du anfängst zu denken, sei dir nicht böse, aber lenke die Aufmerksamkeit zurück auf den Atem und beobachte weiter die Emotion. Irgendwann fällt dir auf, dass die Emotion schwächer wird und dann ganz verschwindet. Lehne die Emotion nicht ab – nimm sie an. Nachdem du diesen Prozess durchlaufen hast, wird es dir besser gehen.

Es werden, gerade kurz nach der Trennung, immer wieder starke Emotionen hochkommen. Alles, was du tun musst, ist, diesen Vorgang zu wiederholen. Sobald die Emotionen schwächer werden und verschwinden, kannst du dich wieder der Sache widmen, die du vorher gemacht hast. Wenn du weinen musst, dann weine.

Sprich auch gerne mit Freunden und deiner Familie, wenn dir das hilft. Du solltest aber nie den wichtigsten Teil vergessen: Setz dich aktiv mit deinen Emotionen auseinander. Klar: Du bist nicht perfekt und ich schon lange nicht. Manchmal wirst du dich auch ablenken, Musik hören oder etwas mit Freunden unternehmen, um nicht ständig an sie denken zu müssen. Das ist okay.

Sei dir aber im Klaren darüber, dass du deine Ex schneller zurückbekommen kannst, wenn du dich konsequent mit deinen Emotionen auf die oben beschriebene Weise auseinandersetzt.

Diesen Prozess kannst du fast überall ausführen. Wenn du auf der Arbeit oder in der Uni bist und es kommen negative Emotionen hoch, dann nimm dir fünf Minuten und beobachte sie in Ruhe, ohne dich abzulenken. In der U-Bahn oder im Bus kannst du die Augen schließen und niemand weiß, was du da gerade machst.

Wenn du noch schneller wieder emotional gesund werden willst, dann nimm dir jeden Tag 10-30 Minuten Zeit, um zu meditieren. Dabei musst du nichts Kompliziertes machen. Setz dich hin und beobachte deinen Atem. Schweift deine Beobachtung auf deine Gedanken ab, hol sie wieder zurück und richte sie auf den Atem. Indem du dir jeden Tag Zeit zum Meditieren nimmst, gibst du deinen Emotionen die Chance, hochzukommen. Wenn du sie dann spürst, kannst du dich mit ihnen auseinandersetzen.

Stell es dir so vor, als würdest du einen Pickel ausdrücken. Es tut weh, aber wenn du drückst, bis alles raus ist, dann ist der Pickel verschwunden. Je mehr Zeit du darauf verwendest, den Pickel auszudrücken, desto mehr Eiter kommt raus und desto schneller wird er verschwinden.

Auch deine negativen Emotionen wollen ausgedrückt werden. Gib ihnen die Möglichkeit und du wirst dich schnell besser fühlen.

Du bekommst deine Ex nicht wieder, solange du sie wiederhaben willst

Klingt seltsam, oder? Ein wenig seltsam ist es auch …

Du wirst deine Ex nicht wiederbekommen, solange du sie unbedingt wiederhaben willst. Die meisten Männer, mit denen Schluss gemacht wurde, wollen ihre Ex nicht nur ein bisschen wieder. Sie würden alles dafür tun, sterben, um sie wiederzubekommen. Wenn jemals mit dir Schluss gemacht wurde, dann weißt du, wovon ich spreche.

Aus dieser Position heraus wirst du deine Ex mit 99%iger Sicherheit nicht wiederbekommen. Schreib mir gerne auf meiner persönlichen Facebookseite, wenn du etwas Anderes erlebt hast.

Der Grund, warum du sie nicht wiederbekommen wirst, solange du sie dringend wiederhaben möchtest, ist, dass du zu bedürftig wirkst. Du wirkst nicht wie ein attraktiver und anziehender Mann.

Wie soll Anziehung zwischen dir und einer Frau entstehen, wenn du ihr hinterherläufst und alles für sie tun würdest. Warum sollte sie sich dann noch von dir angezogen fühlen? Du kommst ihr ja schon den ganzen Weg entgegen. Anziehung ist nicht mehr nötig. Sie muss sich nicht von dir angezogen fühlen, weil sie dich ja schon komplett anzieht. Du kommst ihr den ganzen Weg entgegen. So funktioniert das Spiel der Anziehung nicht.

Frauen wollen keine Männer, die ihnen hinterherlaufen und ohne sie nicht leben können. Das ist nicht attraktiv oder männlich sondern Bubiverhalten. Ein kleiner Junge braucht seine Mama und kann ohne sie nicht leben. Eine Frau will einen Mann, keinen kleinen Jungen. Wenn die Frau spürt, dass du nicht selbst mit deinem Leben klarkommst, will sie das nicht für dich übernehmen müssen.

Eine Frau wird von einem Mann angezogen, der sein Leben im Griff hat und sie nicht braucht. Wieder an diesen Punkt zu kommen, dass ist das Ziel dieses Buchs. Wenn du mehr über Frauen allgemein erfahren willst und darüber, was sie anzieht und wie du zu einem attraktiven Mann wirst, dann lies auch mein Buch „Der Zeus Mann".

Solange dein Interesse groß ist, wird die Frau geringes Interesse haben. Du musst es schaffen, deine Ex wieder als das zu sehen, was sie ist. Eine Frau. Ein Mensch. Nicht die Erfüllung aller Träume. Sie ist eine Frau. Eine Frau von vielen Frauen da draußen. Das ist nicht abwertend gemeint. Mach dir aber klar, dass sie nicht besser oder schlechter als eine andere Frau ist, sie ist genau gleich.

All die tollen Dinge, die du mit ihr erlebt hast, kannst du auch mit anderen Frauen erleben. Natürlich gilt für sie das Gleiche. Vergiss all die „träumerischen Fantasien". Komm wieder in der Realität an. Genau dafür ist auch die Atemübung gedacht. Durch den Atem kommst du in der Realität an und verlierst dich nicht in deinen

Gedanken, die dir ein Bild von der perfekten Frau, in Form deiner Ex malen.

Der Schritt-für-Schritt-Plan, den du gleich von mir bekommst, zielt genau darauf ab. Dich wieder an einen Punkt zu bringen, an dem du normal mit deiner Ex umgehen kannst.

Solange du noch versuchst, sie verzweifelt zurück zugewinnen, wird sie abgestoßen sein. Du treibst sie mit diesem Verhalten nur noch mehr in die Arme eines anderen Mannes. In den 90 Tagen, in denen du Kontaktverbot hast, geht es nur um dich. Du kannst dich entspannen und musst dir keine Sorgen um deine Ex machen. Du wirst frühestens in 90 Tagen wieder mit ihr sprechen.

Viele Männer befürchten, dass die Frau komplett das Interesse verliert, wenn sie 90 Tage nicht mit ihr in Kontakt sind. Die Realität ist: Sie hat schon das Interesse verloren, deswegen bist du Single. Die 90 Tage geben dir die Möglichkeit zu heilen und ihr die Möglichkeit sich zu fragen, was eigentlich bei dir los ist und ob du wohl schon eine neue Freundin gefunden hast – anders gesagt, sie fängt an sich wieder für dich zu interessieren – raffiniert, oder?

Was wenn sie sich meldet?

Aber was, wenn sie sich innerhalb der 90 Tage bei dir meldet und dir schreibt? – Gute Frage.

Meine Ex-Freundin hat mir nach der Trennung öfters mal geschrieben und gefragt, wie es mir geht. An dieser Stelle ist es einfach nur bescheuert, wenn man gar nicht antwortet und die andere Person, die man ja eigentlich liebt, ignoriert.

Schreib ihr zurück, dass es dir gut geht und belasse es dabei. Du musst sie nicht fragen, wie es ihr geht und auch kein Gespräch entstehen lassen. Schließlich möchtest du dich gerade auf dich konzentrieren. Du solltest ihr bei der Trennung sagen, dass du erst mal keinen Kontakt willst, damit sie versteht, warum du ihr nicht groß antwortest. Obwohl sie weiß, dass du keinen Kontakt willst, wird sie sich trotzdem wundern, was bei dir los ist, und anfangen sich wieder mehr für dich zu interessieren. Bleib an dieser Stelle hart.

Du willst sie nicht verletzen oder bestrafen. Es geht darum, dass du genug Abstand hast, um deine Fantasien loszuwerden und wieder attraktiv zu wirken. Sie braucht den Abstand, damit sie wieder anfangen kann sich von dir angezogen zu fühlen. Erinnere dich: Vorher hast du an ihr geklebt wie Kaltwachs am Sackhaar.

Sei freundlich, aber bestimmt. Du musst nicht ausfallend werden oder sie beleidigen. Halte dich kurz, telefoniere nicht mit ihr. Alle Sachen, die du noch von ihr hast, solltest du ihr wiedergeben, damit sie nicht irgendwann auf die Idee kommt, bei dir vorbeikommen zu müssen, um ihr Zeug wiederzuholen. Gib ihr alles wieder – hol deinen Kram ab und dann halt dich weiter an den Schritt-für-Schritt-Plan. Sollte sie dich kontaktieren und von sich aus ein Treffen vorschlagen, dann kannst du das Treffen gerne wahrnehmen. Sie scheint noch Interesse zu haben. Andernfalls hältst du dich an den Plan.

Andere Frauen treffen

Großer Punkt. Mir ist klar, dass du am Anfang alles willst, nur keine neuen Frauen. Du willst die eine Frau – deine Ex. Wie bereits oben erwähnt musst du diese Fixierung erst mal loswerden, bevor du eine Chance hast, sie wiederzubekommen.

Eine Sache, die enorm dabei hilft, die Fixierung zu lösen, sind andere Frauen. Indem du andere Frauen kennenlernst und triffst, stellst du fest, dass deine Ex doch nicht diese eine Schneeflocke war, die von Gott erschaffen wurde, um perfekt zu dir zu passen. Andere Frauen helfen dir, deine Illusionen und Fantasien wieder in den Griff zu bekommen.

Wenn du ein Mann bist, der seine Ex im Lotto gewonnen hat und keine Ahnung hat, wie man überhaupt Frauen kennenlernt und worauf es ankommt, dann hast du unter Umständen noch einen interessanten, aber schweren Weg vor dir. Am Ende dieses Buches findest du Links und Hinweise zu all meinen Bücher, Programmen und Gratis-Vorträgen, in denen du lernen wirst, wie du heiße Frauen kennenlernen, verführen und behalten kannst.

Es ist schwer, nicht abhängig von einer Frau zu sein, wenn es die einzige Frau ist, die du jemals bekommen hast und du nicht weißt, wie du je eine andere bekommen sollst. Ich weiß, dass ich mich nur einen Tag intensiver auf der Straße umgucken muss, um mit mehreren Telefonnummern nach Hause zu gehen. An so einem Punkt fällt es mir natürlich bedeutend leichter, nicht mehr so auf meine Ex fixiert zu sein.

Du musst nicht gleich in der ersten oder zweiten Woche nach der Trennung anfangen, neue Frauen kennenzulernen. Scheiß drauf – du musst das nicht mal im ersten Monat machen. Glücklicherweise hast du ja 90 Tage Zeit und kannst entspannt an die Sache rangehen.

Mir ist auch klar, dass du am Anfang jede Frau mit deiner Ex vergleichen wirst. Habe ich auch gemacht. Bei jedem Vergleich hat meine Ex haushoch gewonnen. Das wirst du wahrscheinlich auch erleben. Mach dir klar, dass das nur deine übertriebenen Fantasien sind, die deine Ex idealisieren und zur perfekten Frau krönen wollen.

Am Ende des Tages möchtest du an einem Punkt stehen, an dem du schon wieder ein paar neue Frauen in deinem Leben hast und dann entscheiden kannst, ob du deine Ex zurück willst oder nicht. Wenn du sie dann noch wiederhaben willst, dann stehen die Chancen gut, sie wiederzubekommen. Wenn deine Ex dich in der Gegenwart von anderen Frauen erlebt, dann wird sie sich fragen, ob es vielleicht doch die falsche Entscheidung war, dich gehen zu lassen. Wenn das der Fall ist, hast du die besten Chancen auf eine erneute Beziehung mit ihr.

Überraschenderweise merken viele Männer aber, dass sie ihre Ex gar nicht wieder wollen und sehr froh damit sind, jetzt wieder Single, unabhängig und stark zu sein. Aber das kannst du am Ende natürlich selbst entscheiden.

Komm von einer Position des Gebens, nicht des Nehmens

Im Grunde haben wir diesen Teil schon mal besprochen, aber er ist elementar. Solange du deine Ex zurück willst, damit du wieder X oder Y von ihr bekommst, stehst du auf verlorenem Posten.

Frauen werden von Männern angezogen, die Wert geben, nicht Wert nehmen.

Stell es dir vor, als wärst du in einem Club. In deiner Nähe tanzt eine Gruppe Frauen. Sie lachen, haben Spaß, trinken und der ganze Club ist auf sie fixiert. Jetzt stehst du da, hast eigentlich schlechte Lauen und möchtest Teil dieses Spaßes werden. Du bringst selbst aber nichts mit. Du willst einfach nur etwas von den Frauen haben – das ist enorm unanziehend.

Stellen wir uns vor, du bist mit deinen Freunden im Club. Ihr brüllt, lacht, sprecht mit heißen Frauen und habt den Spaß eures Lebens. Alle anderen Frauen schauen euch an und wünschen sich, Teil dieser coolen Männergruppe zu sein, die mehr Spaß hat als alle anderen Personen im Club zusammen. In diesem Moment hast du enormen Wert zu bieten und bist sehr anziehend.

Du musst wieder in diese Position kommen. Dein Leben muss wieder so spannend und aufregend werden, dass deine Ex sich wünscht, Teil davon zu sein. Dann kannst du sie einfach zurückbekommen und ihr seid wieder glücklich zusammen.

Zusammengefasst zielt der Schritt-für-Schritt-Plan, den du gleich von mir bekommst, darauf ab, dich wieder zu einem starken und wertvollen Mann zu machen. Zu dem Mann, der du warst, als du deine Ex zum ersten Mal kennengelernt hast.

An dieser Stelle brauchst du gleich deine Liste, auf der du aufgeschrieben hast, was dein jetziges Ich vom vorherigen Ich unterscheidet. Wenn du die Liste nicht geschrieben hast, tu es jetzt.

Drittes Kapitel - Dein Schritt-für-Schritt-Plan zurück zur Ex

Ich habe ihn dir am Anfang des Buches versprochen und jetzt bekommst du ihn – den Schritt-für-Schritt-Plan, der es dir ermöglicht, deine Ex zurückzugewinnen. Bist du bereit?

Der Plan, wenn du sie verlassen hast

Unter Umständen liest du dieses Buch, weil du derjenige warst, der Schluss gemacht hat. Wenn das der Fall ist, dann kann ich dich beglückwünschen. Wahrscheinlich befindest du dich in einer Situation, die sich wieder bereinigen lässt.

Du brauchst auch keine 3 Monate Kontaktsperre einhalten, bis du die Frau wieder kontaktieren darfst – im Gegenteil. Wenn du Schluss gemacht hast, dann willst du so schnell wie möglich dafür sorgen, dass ihr euch wieder regelmäßig seht.

Hast du Schluss gemacht, dann trauert deine Ex wahrscheinlich gerade um dich und kann es noch nicht ganz fassen, dass du sie verlassen hast. Jetzt stellst du fest, dass es ein Fehler war und du sie gerne zurück möchtest.

Als Erstes solltest du sicher gehen, dass es auch wirklich ein Fehler war und du sie nicht nur deswegen zurück willst, weil du jetzt niemanden mehr hast. Wenn du dir sicher bist, dass du deine Ex wieder in deinem Leben haben willst, dann kontaktiere sie.

Mach ein Treffen aus, seht euch bei ihr oder bei dir. Sprich mit ihr und erkläre ihr, warum es ein Fehler war, Schluss zu machen. Erklär ihr, was dich dazu geführt hat und was du jetzt anders siehst. Dann sag ihr, dass sie die Frau ist, die du an deiner Seite haben willst (wenn das wirklich so ist) und frag sie, ob sie wieder mit dir zusammen sein möchte.

Normalerweise solltet ihr jetzt wieder ein Paar sein. Wenn sie nicht wieder mit dir zusammen sein möchte, dann ist womöglich ihre Anziehung dir gegenüber schwächer geworden oder sie hat Vertrauen verloren.

In diesem Fall solltest du dich eher an dem Plan orientieren, der für den Fall vorgesehen ist, dass sie mit dir Schluss gemacht hat. Triff deine Ex, aber sorge dafür, dass die Treffen spaßig und locker sind. Lass sie wieder feststellen, warum sie dich so attraktiv fand. Keine ernsten Themen, kein Gerede über die große Liebe. Einfach Spaß und Humor. Lies dir den nächsten Plan durch und wende ihn an, wenn deine Ex nichts mehr von dir will, nachdem du Schluss gemacht hast.

Der Plan, wenn sie dich verlassen hat

Jetzt wird es spannend. Wir kommen zum Schritt-für-Schritt-Plan, der dir zeigt, wie du sie zurückbekommst, wenn sie dich verlassen hat.

Lass es mich nochmal klarmachen: Sie hat Schluss gemacht, weil ihre Anziehung dir gegenüber verschwunden ist oder sie dir nicht mehr vertraut, weil du sie betrogen hast. Ich möchte diese beiden Szenarien in zwei unterschiedlichen Plänen behandeln. Zuerst kümmern wir uns um den Fall, dass die Anziehung verloren gegangen ist. Dies ist der häufigste Grund, der zu einer Trennung seitens der Frau führt.

Der Plan für: Wenn die Anziehung verloren gegangen ist

Deine Ex „liebt dich nicht mehr" oder „weiß nicht mehr, was sie fühlt" und „ob es noch Sinn macht". All das sind Aussagen, die dir mitteilen, dass ihre Anziehung dir gegenüber am Boden ist. In den seltensten Fällen wird dir die Frau sagen, dass sie sich nicht mehr vor dir angezogen fühlt. Sie kann das oft selbst nicht ganz klar ausdrücken oder will dich nicht verletzen.

Wenn zum Ende der Beziehung Dinge wie Küssen, dir in die Arme fallen, toller Sex oder Sätze wie „Ich liebe dich" immer seltener geworden sind, weißt du, dass die Anziehung verschwunden ist.

Wie weiter vorne schon beschrieben geht es jetzt darum, dich wieder zu dem attraktiven und starken Mann zu machen, in den sie sich ursprünglich verliebt hat. Meine Ex hat mich beispielsweise als Mann erlebt, der viele Frauen in seinem Leben hatte, die ihn begehren. In dem Moment, wo ich nach der Trennung wieder an diesem Punkt war, war sie wieder von mir angezogen.

Es ist keine Magie – nur simple Logik. Das, was die Frau einmal angezogen hat, ist das, was die Frau wieder anziehen wird. Diesen Mann in dir wiederzufinden, das ist das Ziel der dreimonatigen Kontaktsperre.

Natürlich kann es sein, dass die Frau innerhalb der 3 Monate einen neuen Mann kennenlernt und die Chancen dafür stehen auch nicht schlecht.

Darüber musst du dir allerdings keine Gedanken machen, denn 1. kannst du sowieso nicht verhindern, dass sie jemand Neuen kennenlernt, und 2. ist die Wahrscheinlichkeit, dass sie mit dem neuen Mann kurz nach eurer Trennung direkt zusammenkommt, sehr gering. Auch sie muss sich erst mal dran gewöhnen, dass du nicht mehr da bist, selbst, wenn die Anziehung weg ist.

Ein weiterer Vorteil, den du einem anderen Mann gegenüber hast, ist, dass sie dir bereits vertraut. Sie kennt dich, sie fühlt sich generell bei dir wohl. Mit dem neuen Mann muss sie erst Vertrauen aufbauen und anfangen sich wohlzufühlen, und das kann seine Zeit dauern.

Du musst dir innerhalb der dreimonatigen Kontaktsperre also keine Gedanken darum machen, ob sie mit einem anderen Mann zusammenkommt, und kannst dich voll auf dich konzentrieren.

Die Kontaktsperre hat außerdem zur Folge, dass deine Ex sich fragen wird, ob du bereits eine neue Freundin hast oder warum du dich generell nicht meldest, wo du doch vorher noch besessen von ihr warst. Sie entwickelt Interesse an dir und hat genug Raum, wieder Anziehung zu entwickeln. Wenn sie dich dann nach drei Monaten wiedersieht und du bist der starke Mann, den sie ursprünglich kennengelernt hat, dann könnt ihr wieder zusammenkommen, wenn du das dann noch willst.

Der erste Schritt ist also die Kontaktsperre. Sag deiner Ex Freundin, dass du erst mal Zeit für dich brauchst und in dieser Zeit keinen Kontakt möchtest. Dann zieh die Kontaktsperre eisern durch. Wenn sie sich meldet, dann hältst du dich mit der Antwort kurz und fragst sie nichts zurück. Dann kümmerst du dich wieder um dich.

Dieser Prozess wird steinharte Disziplin von dir verlangen, aber nur so kommst du an dein Ziel. Nachdem deine Ex weiß, dass du keinen Kontakt möchtest, hol deine Liste raus, die du im ersten Kapitel geschrieben hast.

Auf dieser Liste stehen die Dinge, die deine Ex am Anfang eurer Beziehung anziehend fand. Die Dinge, die du am Anfang gemacht hast, die du zum Ende hin nicht mehr getan hast. Wo du früher oft Dates geplant hast und sie zum Lachen bringen konntest, habt ihr vielleicht gegen Ende der Beziehung oft zu Hause gesessen und Filme und Fernsehen geschaut.

Am Anfang warst du vielleicht noch ein unabhängiger Mann, der sich bewusst war, dass er viele tolle Frauen kennenlernen kann. Zum Ende hast du diese Gewissheit verloren und das hat dich unsicher gemacht.

Oder du hast dich um deinen Job und deinen Körper gekümmert – warst erfolgreich und gut aussehend und hast gegen Ende der Beziehung alles für die Frau schleifen lassen und damit dafür gesorgt, dass du weniger anziehend für sie warst.

Was auch immer auf deiner Liste steht – in den 3 Monaten Kontaktsperre ist es deine Aufgabe, die Dinge vom Anfang der Beziehung wieder in dein Leben einzubauen.

Das sieht natürlich für jeden Mann anders aus. Für mich war es zum Beispiel wichtig, wieder mehr Frauen zu treffen. Dadurch ist mir erneut bewusst geworden, wie groß meine Auswahl an Frauen eigentlich ist und dass ich nicht von der Zuneigung und Liebe einer einzigen Frau abhängig bin. Das hat mich in die Lage versetzt, mich in der Gegenwart von Frauen, speziell meiner Ex, wieder locker zu verhalten und dadurch anziehend zu wirken.

Wenn du deine Freunde, deinen Job oder deine Fitness hast schleifen lassen, dann ist es deine Aufgabe, dich wieder darum zu kümmern.

Das hat nicht nur den Effekt, dass du für deine Freundin wieder anziehender wirst, du wirst dich außerdem wieder wohler mit dir selbst fühlen und mehr Selbstvertrauen haben. Nur rumzusitzen, mit der Partnerin ungesund zu essen und Fernsehen zu schauen, sorgt dafür, dass du dich weniger magst. Besser, du nimmst dein Leben mutig in die Hand und gestaltest es aktiv.

Erinnere dich daran, was ich dir über den Umgang mit deinen Emotionen erzählt habe. Wenn Schmerz aufgrund der Trennung aufkommt, was sich kaum verhindern lässt, dann setz dich damit auseinander und lauf nicht davor weg. Läufst du davor weg und lenkst dich ab, dann wird dein Weg, zurück zu einem attraktiven Mann, länger und schwieriger.

Egal, was auf deiner Liste steht: Es sollte generell dein Ziel sein, dein Leben wieder spannender zu gestalten.

Vorher hast du wahrscheinlich einen Großteil deiner Zeit mit deiner Ex-Partnerin verbracht. Wenn das so war, dann hast du jetzt enorm viel freie Zeit, die du mit Aktivitäten füllen solltest, die dich voranbringen oder interessieren.

Du wolltest immer Salsa tanzen lernen oder den Spanischkurs besuchen? Jetzt ist die richtige Zeit dafür. Sich nach der Trennung an neuen Dingen zu probieren fördert den emotionalen Heilungsprozess und sorgt zusätzlich dafür, dass du ein Mann wirst, der ein interessantes Leben führt.

Von wem, denkst du, wird eine Frau mehr angezogen? Einem Mann, der nur zu Hause vor dem PC sitzt, wenn er von seiner Arbeit nach Hause kommt, oder einem Mann, der regelmäßig reist und spannende Geschichten aus aller Welt zu erzählen hat? Du musst kein Christopher Columbus werden, aber es wird dir helfen, wenn du ein interessantes Leben führst. Wichtig ist, dass du dein Leben interessant findest und es gerne lebst.

Schließlich willst du deine Ex am Ende des Tages wieder in dein Leben einladen und dazu solltest du es selbst erst mal genießen können.

Nachdem du dich darum gekümmert hast, wieder der anziehende Mann von früher zu werden, und du merkst, dass du dich selbst wieder mit dir wohlfühlst, wird es Zeit, wieder auf deine Ex zuzugehen. Wichtig ist, dass du die 3 Monate Kontaktsperre eingehalten hast und deine Ex nicht mehr idealisierst. Im Optimalfall hast du bereits ein paar neue Frauen getroffen und dir ist klar geworden, dass deine Ex nicht die einzige tolle Frau ist, die es da draußen gibt.

Du solltest erst wieder Kontakt zu deiner Ex aufnehmen, wenn all diese Punkte erfüllt sind. Ansonsten kann es sehr leicht schiefgehen.

In den meisten Fällen kontaktiert deine Ex dich sowieso zwischendurch immer mal wieder, um zu schauen, wie es bei dir aussieht. Das ist noch wahrscheinlicher, wenn du die 3 Monate Kontaktsperre eingehalten hast. Dann fragt sie sich nämlich, warum du dich nicht meldest, kein Interesse mehr zeigst, und vermutet unter Umständen sogar, dass du bereits eine neue Frau triffst.

Wenn dir das bis jetzt nicht klar ist, dann lass es dir von mir gesagt sein: Frauen werden von Männern angezogen, die Optionen mit anderen Frauen haben.

Schreibst du deiner Ex nur sporadisch oder gar nicht zurück und wirkst allgemein desinteressiert, dann wird sie schnell schlussfolgern, dass du eine oder mehrere andere Frauen kennengelernt hast. Das wird ihr Interesse an dir weiter erhöhen.

Nach dem Ende der 90 Tage kannst du entweder warten, bis sie erneut auf dich zukommt, oder du schreibst ihr von dir aus. Ziel ist es, dass ihr euch trefft. Benutze das Schreiben nur dazu. Du kannst sie auch gerne anrufen. Dein einziges Ziel ist es, ein Treffen auszumachen.

Wenn deine Ex sich nicht treffen möchte, dann ist das ein Zeichen dafür, dass ihr Interesse nicht groß genug ist. Das kann viele Gründe haben: Vielleicht hat sie einen neuen Partner oder die Anziehung war zum Ende der Beziehung schon so gering, dass kein neues Interesse bei ihr aufgekommen ist.

Sollte sie nicht bereit für ein Treffen sein, dann ist deine beste Option, das Ganze ruhen zu lassen. Renn ihr nicht hinterher oder diskutiere mit ihr, um das Treffen doch noch in die Wege zu leiten. Wenn ihr Interesse nicht groß genug ist, dann sorgt mehr Anstrengung deinerseits nicht dafür, dass das Interesse zurückkehrt. Im Gegenteil. Oft treibst du die Frau dadurch noch weiter von dir weg.

Sie will sich nicht mit dir treffen? Das ist in Ordnung für dich. Jetzt hast du mehr Zeit, neue interessante Frauen zu treffen und das Leben weiter zu genießen, dass du dir in den 3 Monaten Kontaktsperre aufgebaut hast.

Du kannst dann nach 3-4 Wochen erneut versuchen, ein Treffen mit ihr auszumachen. Indem du diese

Zeitperiode wartest, zeigst du ihr, dass du nicht bedürftig bist und es auch ohne sie aushältst.

Wenn sie auf deinen zweiten Versuch auch negativ reagiert, dann hake deine Ex ab. Wenn sie von sich aus auf dich zukommt, kannst du das Treffen gerne ausmachen. Für dich ist an dieser Stelle die Arbeit vorbei. Sie hat nicht genug Interesse, dich nochmal zu sehen, und fürs Erste kannst du daran nichts ändern. Entweder sie meldet sich und ihr trefft euch doch noch oder eben nicht.

Zu diesem Zeitpunkt sollte das für dich nicht mehr so tragisch sein, denn optimalerweise hast du bereits neue Frauen, die du triffst. Sollte das nicht der Fall sein, dann lies mein Buch „Die Zeus Methode", in dem du lernst, wie du deine Männlichkeit stärkst und damit bei Frauen besser ankommst, um die heißen Frauen in dein Leben zu ziehen, die du dir immer gewünscht hast.

Wenn die Frau dem Treffen zustimmt, dann mach so weiter:

Trefft euch für den Anfang an einem neutralen Ort. Ihr könnt gern etwas essen gehen oder ihr spaziert eine Runde durch den Park. Ziel dieses ersten Wiedersehens ist, dass sie einen Eindruck von deinem neuen Ich bekommt. Von dem Mann, den sie früher schon so anziehend fand und der jetzt wieder zurückgekehrt ist.

Sollte die Frau dir vorschlagen, dass ihr euch auch bei ihr treffen könnt oder sie zu dir kommt, kannst du gerne zustimmen. Ansonsten spar dir diese Orte für spätere Treffen auf.

Vom Ende der Beziehung hat sie dich noch als schwachen Mann in Erinnerung, für den sie keine Anziehung empfunden hat. Auf dem ersten Treffen soll sie sehen, dass es diesen Mann nicht mehr gibt und die alte, starke Version von dir zurück ist.

Wichtig ist, dass ihr nicht über ernste Dinge redet. Lasst Themen wie „was ist in unserer Beziehung nur falsch gelaufen" oder „wer ist Schuld" beiseite. Lacht stattdessen zusammen, habt Spaß und amüsiert euch. Neck sie ein bisschen und behandle sie spielerisch. Geh mit ihr so um, wie du sie behandelt hast, als ihr euch ursprünglich kennengelernt habt.

Dein Ziel ist es, dass sie wieder positive Emotionen mit dir verbindet. Die Anziehung ist verloren gegangen, weil sie mehr und mehr negative und unattraktive Eigenschaften in dir gesehen hat. Diese Sicht willst du jetzt zurückkorrigieren. Es geht nicht darum, ihr zu „beweisen", dass du wieder ein starker Mann bist.

Verhalt dich einfach so, wie du gerade bist. Wenn du in den 3 Monaten konsequent daran gearbeitet hast, dich und dein Leben wieder in den Griff zu kriegen, dann fühlst du dich gut und selbstbewusst. Von diesem Punkt aus kann eigentlich nicht viel schiefgehen.

Triff deine Ex in regelmäßigen Abständen von einer Woche, bis sie anfängt, dich wieder öfter sehen zu wollen.

Sie sollte die Erste sein, die nach einiger Zeit das Thema Beziehung wieder anspricht. Bis sie das tut, ist es deine Aufgabe lustige Dates mit ihr zu haben, die idealerweise zu Sex führen. Für dich ist das Thema „Beziehung" komplett tabu. Du sprichst es nicht an.

Je früher ihr wieder miteinander schlaft, desto besser. Erzwing es aber nicht. Warte auf ihre Zeichen. Berührt sie dich wieder mehr, kommt dir regelmäßig nah und will sich auch mal bei dir oder ihr zu Hause treffen?

All das sind Zeichen dafür, dass sie wieder bereit ist, intim mit dir zu werden. Übernimm an dieser Stelle die Führung und küss sie. Sex dürfte relativ schnell danach passieren, weil ihr euch körperlich ja schon vertraut seid.

Wenn ihr euch wieder regelmäßig trefft und miteinander schlaft, dann ist die Beziehung auch nicht mehr fern. Sei weiter entspannt und bleib der anziehende Mann, in den sie sich langsam wieder verliebt. Das setzt voraus, dass du all die Dinge, die du in den 3 Monaten Kontaktsperre getan hast, weiterhin tust. Hör nicht auf, an dir zu arbeiten, nur weil deine Ex jetzt wieder in greifbarer Nähe ist. Das würde nur dafür sorgen, dass die Anziehung erneut sinkt.

Sollte deine Ex neben dir noch andere Männer daten, dann musst du für dich entscheiden, wie du damit umgehst.

Du kannst ihr sagen, dass du darauf keine Lust hast und sie sich entscheiden soll. Das hat aber wahrscheinlich zur Folge, dass sie sich gegen dich entscheiden wird, wenn sie noch nicht wieder verliebt in dich ist. Sollte die Situation für dich jedoch untragbar sein, dann ist es im Sinne deines eigenen Selbstwertgefühls besser, wenn du die Sache beendest.

Ansonsten lass dich von einem Nebenbuhler nicht verunsichern. Sie hat mit dir eine viel tiefere Bindung, die schneller wieder dazu führen wird, dass sie sich in dich verliebt und ihm den Laufpass gibt. Wenn sie von dem neuen Mann in ihrem Leben erzählt, dann hör ihr einfach zu und lass dich davon nicht berühren.

An dieser Stelle eifersüchtig zu werden, wäre taktisch unklug. Sie wird wieder den alten, schwachen Mann in dir sehen und ihre Anziehung sinkt. Dabei will sie eigentlich nur sehen, dass du wieder ein starker und attraktiver Mann bist, damit sie sich wieder in dich verlieben kann.

Jetzt wiederholst du einfach den Prozess. Date sie einmal die Woche, bis sie anfängt, dich wieder öfter sehen zu wollen. Nachdem ihr euch dann über ein paar Wochen/Monate wieder getroffen habt, wird sie das Thema Beziehung ansprechen. Jetzt kannst du einfach mit ihr zusammenkommen, wenn du das noch willst.

Der Plan, wenn du sie betrogen hast – das Vertrauen weg ist

Nun kann es auch sein, dass du die Frau betrogen hast und sie sich deswegen getrennt hat. Sie hat das Vertrauen zu dir verloren und damit die Basis, um sich von dir angezogen zu fühlen und mit dir zusammen zu sein.

Es kann schwer bis unmöglich sein, zerstörtes Vertrauen wiederherzustellen. Das kennst du sicher selbst: Wenn eine Person dein Vertrauen verletzt hat, dann fällt es dir wahrscheinlich schwer, dich nochmal komplett auf sie einzulassen.

Sollte die Trennung aufgrund eines Vertrauensbruchs stattgefunden haben, dann ist es deine Aufgabe, der Frau zu zeigen, dass sie dir doch noch vertrauen kann. Unter Umständen ist das sehr schwierig, denn du kannst kein Vertrauen aufbauen, wenn du nichts mehr mit der Frau zu tun hast und ihr euch nicht mehr seht.

An dieser Stelle solltest du schauen, ob die Frau generell bereit ist, noch Zeit mit dir zu verbringen. Gib ihr nach der Trennung ein paar Wochen und komm dann wieder auf sie zu. Sag ihr, dass es dir leid tut, und schlag vor, dass ihr mal wieder etwas zusammen unternehmen solltet. Mach ihr einen konkreten Vorschlag und frag sie, wann sie Zeit hat.

Wenn sie sich mit dir trifft, dann zeigt das, dass ihr Interesse an dir trotz des verlorenen Vertrauens noch sehr hoch ist. Jetzt geht es darum, dass du dich um sie bemühst und ihr zeigst, dass dir die Beziehung wirklich wichtig ist. Triff sie regelmäßig auf Dates und sorg dafür, dass ihr Spaß habt und zusammen lachen könnt, damit sie wieder positive Emotionen mit dir verbindet. Andere Frauen sind für dich in dieser Zeit tabu, denn du willst deiner Ex ja zeigen, dass sie dir vertrauen kann und sie dir am Wichtigsten ist.

Wenn du in dieser Zeit irgendwelche Versprechen machst, dann achte besonders darauf, dass du sie einhältst. Wenn sie merkt, dass sie sich immer noch nicht auf dich verlassen kann, dann wirst du sie nicht zurückgewinnen.

Jetzt wiederholst du einfach den Prozess. Hab lustige Dates mit ihr, auf denen ihr lacht und eine tolle Zeit habt. Warte, bis sie das Thema Beziehung anspricht. Sie wird das tun, wenn sie bereit dafür ist. An dieser Stelle kannst du dann wieder mit ihr zusammenkommen und hast deine Ex zurückgewonnen.

Wenn sie sich nach der Trennung nicht wieder mit dir treffen will, dann folge dem Plan der für den Fall vorgesehen ist, dass sie sich nicht mehr angezogen fühlt.

Du kannst deine Ex nicht zurückgewinnen, wenn du sie nicht triffst. Das gilt besonders dann, wenn sie kein Vertrauen mehr zu dir hat. Vertrauen wirst du nicht über das Telefon oder beim Schreiben wieder aufbauen können.

Ich habe den Prozess absichtlich sehr simpel gehalten, damit du genau verstehst, was du zu tun hast und an keiner Stelle verwirrt bist.

Egal, warum du von deiner Ex getrennt bist, du kannst sie wiederbekommen, wenn du dem jeweiligen Plan für deine Situation folgst. Oft wirst du aber merken, dass du die Frau gar nicht wiederhaben möchtest, sobald du erst mal angefangen hast, neue Frauen kennenzulernen.

Solltest du mit deiner Ex nicht wieder zusammenkommen, dann mach dir keinen Stress. Nach jeder Trennung folgt eine Phase, in der du die Möglichkeit hast, dich enorm weiterzuentwickeln. Als Mann, als Person. Wenn du diese Entwicklung wertschätzt und durchschreitest, dann wirst du am Ende eine neue Frau treffen, die wahrscheinlich noch besser zu dir passt als deine Ex.

Wenn du nicht weißt, wie du neue Frauen kennenlernen kannst, dann habe ich in den nächsten Kapiteln einige Tipps und Tricks für dich. Ich zeige dir, wo du alles darüber erfahren kannst, wie man Frauen kennenlernt, damit du bald in der Lage bist, tolle heiße Frauen in deinem Leben zu haben, und das, ohne darauf warten zu müssen oder Glück zu haben.

Du kannst Frauen im Alltag an jedem Ort kennenlernen. Wenn du dir das bis jetzt noch nicht vorstellen kannst, dann solltest du meine Youtube Videos gucken und dich gratis in mein Online Coaching eintragen. In den nächsten Kapiteln gebe ich dir alle Informationen, die du dazu brauchst.

Wenn du es mithilfe dieser Pläne geschafft hast, deine Ex zurückzugewinnen, dann herzlichen Glückwunsch. Ich hoffe, dass ihr eure Beziehung wieder glücklich führen könnt und zusammen bleibt. Wenn du lernen willst, wie du zu dem Mann wirst, den eine Frau nie verlassen würde, dann lies auch meine Bücher „Die Zeus Methode" und „Der Zeus Mann". Beide Bücher findest du auf Amazon.

Egal ob du deine Ex zurückbekommst oder nicht, es sollte dein Ziel sein, das Beste aus dir als Mann zu machen. Nur so kannst du sicherstellen, dass du auf Frauen anziehend wirkst.

Wenn du wieder mit deiner Ex zusammen bist und es auch bleiben willst, dann hör nicht auf die Dinge zu tun, die sie anziehend findet. Die Dinge, die du in den 3 Monaten Kontaktsperre wieder getan hast.

Bonus: Mein Geschenk an dich

Ich habe etwas für dich vorbereitet. Ich und mein Team haben ein Quiz gestaltet, in dem du rausfinden kannst, wie attraktiv du auf Frauen wirkst und in dem ich dir zeige, wie du deine Anziehung auf Frauen verbessern kannst.

Über diesen Link http://frauen-ansprechen-tipps.com/quiz-wie-attraktiv-bin-ich kommst du zum Quiz. Wenn du die Buchversion von „Der Zeus Mann" in der Hand hältst, dann kannst du den Link einfach so in deinen Browser eintippen (Google Chrome, Firefox, Internet Explorer) und wirst dann zum Quiz weitergeleitet.

Auf der Seite http://frauen-ansprechen-tipps.com/ findest du außerdem weitere Artikel, in denen ich Themen wie die besten Date-Orte oder den gesündesten Umgang mit deinen Emotionen mit dir bespreche. Schau dich einfach mal um, und ich bin mir sicher, dass etwas Interessantes für dich dabei ist.

Andere Bücher und Ressourcen des Autors

Du solltest dir auf jeden Fall meinen Amazon Bestseller die Zeus Methode anschauen. Im Buch lernst du, wie du männlicher wirst, dich mit dir selbst wohler fühlst um am Ende die Frauen in dein Leben zu ziehen, von denen du immer geträumt hast.

Du kannst dir „Die Zeus Methode" entweder über diesen Link https://www.amazon.de/Die-Zeus-Methode-M%C3%A4nnlichkeit-kennenlernen-ebook/dp/B01NCMZ1MN anschauen oder du tippst „Die Zeus Methode" einfach bei Amazon ein.

Wenn du die Zeus Methode gelesen hast und sie gefällt dir, dann schau unbedingt auch bei der Fortsetzung, „der Zeus Mann" vorbei. Im Zeus Mann erkläre ich dir genau, wie Frauen ticken, was sie anzieht und was sie abstößt. Mit diesem Wissen bist du dann in der Lage, Frauen zu verstehen und in dein Leben zu ziehen – wann immer du Lust dazu hast.

Bei Amazon habe ich außerdem ein weiteres Buch mit dem Namen „Frauen ansprechen" veröffentlicht. Wenn du „Frauen ansprechen" und dann meinen Namen, Tim Enewoldsen" eingibst, wirst du es finden. Im Buch, das es sehr günstig zu kaufen gibt und das sehr kurz ist, damit du all die Informationen direkt anwenden kannst, bringe ich dir bei, wie du fremde Frauen auf der Straße ansprechen kannst. Du lernst, was wichtig ist, was man nicht tun sollte und wie du dazu kommst, dass die Frau dich auf ein Date wiedersehen will.

Über den Autor

Meine Name ist Tim Enewoldsen und ich bin Unternehmer, Autor und Coach für Flirten und glückliche Beziehungen für Männer.

Du denkst dir sicher jetzt: Nicht wieder jemand, der „Coach" ist.

Heutzutage ist jeder ein „Coach". Das stört auch mich, denn die meisten Leute haben kaum Erfahrung. Ich arbeite seit 5 Jahren als Trainer und habe mit Hunderten Männern zusammengearbeitet, um ihnen dabei zu helfen, das Leben zu gestalten, das sie sich immer gewünscht haben.

Ich freue mich über jeden, den ich durch Videos, Programme, Bücher, Vorträge und Coachings unterstützen kann. Über die Jahre habe ich alles gesehen und erkannt, welche Dinge immer wieder ein Problem darstellen.

Was diese Dinge sind und wie du es schaffst, sie zu überwinden, um die Frauen zu bekommen die du dir wünscht und dich endlich wieder in deiner Haut als Mann wohlzufühlen, das will ich dir in meinen Büchern zeigen.

Es macht viel Sinn, dass du, wenn du eines meiner Bücher gelesen hast, dir auch die anderen anschaust. Alle Bücher sind so gestaltet, dass sie aufeinander aufbauen.

Meine Spezialität ist es, dir nicht nur Informationen zu geben, sondern auch praktische Übungen, mit denen du sofort und nachhaltig Dinge verändern kannst. Kurz gesagt: Ich trete dir in den Arsch. Wer schon mal live mit mir zusammengearbeitet hat, weiß, dass ich für deinen Erfolg schon mal unsympathisch werden kann.

Meine Leidenschaft ist es, andere Menschen zu inspirieren, zu motivieren und bei ihrem Erfolg mit Frauen zu unterstützen

Meine Geschichte und was du daraus lernen kannst

In der Schule war ich kein unglücklicher Junge. Ich hatte einige Freunde, aber leider nie Erfolg mit den Frauen.

Ich habe mir nichts mehr gewünscht, als eine Freundin zu haben, wusste aber noch nicht, wie ich das jemals schaffen soll. Aufgegeben habe ich nicht, und so gestand ich meinem Schwarm meine Liebe. Das Ergebnis war niederschmetternd und so entwickelte ich über die Jahre nach und nach ein Gespür dafür, worauf es wirklich ankommt, wenn es um das Thema Frauen geht.

Der Höhepunkt war erreicht, als ich anlässlich meines Psychologiestudiums in Hannover ankam. Dort war ich jeden Tag und jede Nacht unterwegs, um herauszufinden, worauf es wirklich ankommt, wenn man erfolgreich mit Frauen werden will.

Ich habe mich außerdem viel damit auseinandergesetzt, wie ich als Mann selbstbewusster werden kann und mein Leben nach eigenen Vorstellungen gestalte.

Mit der Zeit baten mich mehr und mehr Leute, sie zu unterstützen und ihnen zu helfen, und so begann ich mein Wissen zu teilen. Ich stieg bei den Flirtprofis, einem der erfolgreichsten Dating-Unternehmen in Deutschland ein, baute das Unternehmen mit auf und lernte dort einiges dazu.

In dieser Zeit habe ich auch Hunderte Männer in ganz Deutschland live gecoacht und nochmal vor Augen geführt bekommen, was die größten Probleme sind.

Es gibt viele Leute, die sich als „Flirtcoach" bezeichnen. Die meisten von ihnen hatten noch nie einen Kunden. Wer nicht erlebt hat, womit die Männer da draußen wirklich Probleme haben, der kann dir auch nicht helfen.

Mittlerweile bin ich selbstständig tätig mit meinem Ziel, allen Männer zu ihrer persönlichen Freiheit zu verhelfen. Egal, ob du viele Frauen in deinem Leben willst, mehr Sex oder tiefere Beziehungen. Du willst beruflich erfolgreich werden oder einen gesunden Körper. Alles gehört zusammen und das Wichtigste ist die Psychologie dahinter.

Du kannst aus meiner Geschichte lernen, dass, egal an welchem Punkt du gerade stehst, du es schaffen kannst. Ich habe als introvertierter Junge, als Spätzünder begonnen. Mein Wille, es zu schaffen, war aber so groß, dass mich das nie aufgehalten hat. Diesen Willen übertrage ich auch in meine Bücher und auf meine Arbeit.

Bist du bereit, zusammen mit mir noch erfolgreicher zu werden? Dann los.

Impressum und Copywright

Copyright: Tim Enewoldsen 2017

ISBN: 9781521860090

Illustration, Covergestaltung: CreativeNerds Fiverr Auftrag

Lektorat: Jürgen Müller

Verlag/Person: Tim Enewoldsen Berlin

Impressum: http://frauen-ansprechen-tipps.com/impressum

Bibliografische Informationen der Deutschen Nationalbibliothek:

Die Deutsche Nationalbibliothek verzeichnet diese Publikation in der Deutschen Nationalbiografie; detaillierte bibliografische Daten sind im Internet unter http://dnb.d-nb.de aufrubar.

www.ingramcontent.com/pod-product-compliance
Lightning Source LLC
Chambersburg PA
CBHW051852250726
48659CB00006B/2158